GEOMARKETING ESCOLAR de Bolso

Uma nova visão de mundo

João Eduardo Vaz Caetano

1ª Edição | 2019

© Editora do Brasil S.A., 2019
Todos os direitos reservados
Texto © João Eduardo Vaz Caetano

Presidente: Aurea Regina Costa
Diretor Geral: Vicente Tortamano Avanso
Diretor Administrativo Financeiro: Mário Mafra
Diretor Comercial: Bernardo Musumeci
Diretor Editorial: Felipe Poletti
Gerente de Marketing
e Inteligência de Mercado: Helena Poças Leitão
Gerente de PCP
e Logística: Nemezio Genova Filho
Supervisor de CPE: Roseli Said
Coordenador de Marketing: Léo Harrison
Analista de Marketing: Rodrigo Grola

Realização

Direção Editorial: Helena Poças Leitão
Texto: João Eduardo Vaz Caetano
Revisão: Rhamyra Toledo
Direção de Arte: Rodrigo Grola
Projeto Gráfico e Diagramação: Rodrigo Grola
Coordenação Editorial: Léo Harrison

```
       Dados Internacionais de Catalogação na Publicação (CIP)
              (Câmara Brasileira do Livro, SP, Brasil)

   Caetano, João Eduardo Vaz
      Geomarketing escolar de bolso : uma nova visão de
   mundo / João Eduardo Vaz Caetano. -- 1. ed. --
   São Paulo : Editora do Brasil, 2019.

      Bibliografia.
      ISBN 978-85-10-08008-8

      1. Educação 2. Escolas - Administração e
   organização 3. Escolas - Localização 4. Geomarketing
   5. Planejamento estratégico I. Título.

   19-31159                                       CDD-371.2
```

Índices para catálogo sistemático:

1. Geomarketing escolar : Educação   371.2

Cibele Maria Dias - Bibliotecária - CRB-8/9427

1ª edição / 1ª impressão, 2019
Impressão: AR Fernandes Gráfica.

Rua Conselheiro Nébias, 887
São Paulo, SP — CEP: 01203-001
Fone: +55 11 3226 -0211
www.editoradobrasil.com.br

GEOMARKETING ESCOLAR de Bolso

Uma nova visão de mundo

João Eduardo Vaz Caetano

João Eduardo Vaz Caetano

João Eduardo Vaz Caetano é um entusiasmado profissional de Marketing, permanentemente encantado pelo poder que essa área tem sobre a sociedade e como ela pode ser direcionada para seu bem, colocando em linha os maiores desejos das comunidades e as mais adequadas ofertas de bens e serviços.

Teve passagens por empresas como TV Globo, C&A, BRMalls e Catho, bem como uma bagagem em Estratégia de Marcas adquirida no escritório Ana Couto Branding e mais de 10.000 horas de dedicação a projetos de Geomarketing, vividos principalmente na Geofusion, uma das maiores empresas do segmento.

É Professor Titular de Geomarketing na Escola Superior de Propaganda e Marketing (ESPM) e fundador da MapFry.com, empresa de Geomarketing. É Bacharel em Comunicação pela Universidade Federal do Rio de Janeiro (UFRJ), Especialista em Inteligência de Mercado pela ESPM, MBA de Gestão de Negócios pela Fundação Getulio Vargas (FGV) e Gerente de Projetos certificado pelo Project Management Institute (PMI).

Sumário

1. Apresentação 11

2. Público-alvo 13

3. Introdução 15

4. Mensagem do Autor 17

5. Definição de Geomarketing 21

    Por que Geomarketing é importante 22

    Motivos para realizar estudos de Geomarketing 23

6. Roteiro de Análise em Geomarketing 25

    O ambiente de mercado 26

        Qual é a atividade econômica de sua região? 26

        Por que sua cidade existe? 27

        Sua cidade cresce e tende a continuar crescendo? 28

    Análises da população 28

        Estrutura etária 29

        Projeção populacional 30

        Trabalho e emprego 30

        Renda 32

        Regra de três 33

        Análises de mercado 34

        Públicos-alvo 35

        A demanda por educação 36

7. Conceitos de Geomarketing...**39**

Atratividade...39

O que diferencia uma escola da outra?...................................... 40

Análise da Área de Influência...46

Barreiras físicas e psicológicas...55

Concorrentes...56

Identificando concorrentes..58

Critérios de análise dos concorrentes 58

Como fazer uma boa análise de seus concorrentes 61

Estratégias de defesa e ataque em relação aos concorrentes 62

O processo de decisão por uma escola......................................66

8. Estratégias para Diferenciação e Posicionamento **79**

Estratégias de captura de demanda... 80

Comunicação eficaz 82

9. Conclusão **85**

Desenvolvendo relacionamentos com uma nova visão de mundo.....................85

10. Referências Bibliográficas **87**

Livros..87

Sites..87

1. Apresentação

Quase todos que estão lendo este livro já foram para a escola em, pelo menos, algum momento de suas vidas.

Sua escola ficava perto de casa? Você tinha de andar muito para chegar lá? Ia a pé, de ônibus, de carro?

Nossa localização tem um enorme papel em nossas vidas. O lugar onde vivemos definirá sozinho uma série de escolhas; gostemos ou não, isso determinará outros "ondes", como onde vamos estudar ou onde vamos matricular as crianças.

A localização da escola terá um papel também em nossa história de vida. Pense no tempo parado esperando o ônibus, nos esquemas de rodízio organizados pelos pais que levam as crianças de carro, no caminhar junto às crianças de outras escolas enquanto voltamos para casa. Quantas amizades e paixões surgem exatamente assim!

A história deste livro tem um outro lado, que é o da escola indo até você. Será que a localização de determinada escola foi pensada para ser mais acessível ao maior número possível de alunos? Ou será que o dono da escola já possuía aquele imóvel e foi lá que o projeto foi iniciado, sem qualquer compromisso em facilitar o ir e vir de pais e alunos?

Os maiores grupos educacionais do Brasil investem em estudos para posicionar ou reposicionar escolas, enquanto as redes menores ficam à margem dessas análises, sem compreender totalmente qual é o efeito que a localização de suas unidades exerce sobre seu desempenho.

Este livro vem preencher esse vazio, colocando na mão de mantenedores uma metodologia amplamente utilizada por redes de *fast-food*, cosméticos, bebidas, sorvetes, presentes, academias, supermercados, dentre outros negócios que dependem de uma boa localização para terem sucesso.

2. Público-alvo

Este livro foi pensado para atender a todos os envolvidos na gestão de escolas, principalmente aquelas instituições que oferecem cursos da Educação Básica ao Ensino Médio e Profissionalizante.

Também é uma obra voltada a empresários/donos de escolas, mantenedores, pedagogos com a ambição de abrir sua própria escola, consultores do setor e profissionais de Administração e Marketing que desejam compreender como a localização exerce influência sobre o desempenho de uma instituição de ensino.

Não é preciso ter qualquer experiência em Marketing ou Geomarketing para a compreensão do livro.

3. Introdução

Ainda que este livro tenha o título de *Geomarketing Escolar de Bolso*, ele é, acima de tudo, um livro de Marketing e Gestão voltado para Serviços – no caso, os de Ensino.

Veremos que dentro do Marketing existe uma subdisciplina chamada Geomarketing, que trata da intersecção entre conhecimentos de Geografia e Marketing.

Ao fim desta leitura você será capaz de reunir informações sobre uma região e interpretá-las no sentido de compor estratégias dedicadas a aproximar oportunidades e afastar ameaças de sua escola, com o objetivo de consolidá-la em sua região de atuação.

4. Mensagem do Autor

Com a experiência de diversos projetos de Geomarketing em amplitude de setores, a oportunidade de dedicar mais atenção ao setor da Educação Básica e Profissionalizante foi especialmente animadora. As escolas têm importância central em qualquer comunidade e, inevitavelmente, são objeto de elevadas expectativas quanto ao seu poder transformador.

Em 2008, as ruas de Londres, Paris e outras capitais da Europa foram invadidas por manifestações. Eram jovens que saíam para protestar em um movimento sem demandas. Depredaram as cidades e ocuparam ruas e praças, sem faixas e palavras de ordem. Esses jovens sabiam que lhes faltava algo muito importante, sem sequer serem capazes de dizer o que era. Tendo sido alfabetizados em países desenvolvidos, receberam educação formal de qualidade, mas ainda assim não tinham bases mínimas para poderem compreender o que lhes faltava. A queixa que não conseguiam expressar era que a educação que lhes foi proporcionada paradoxalmente não permitiu a eles acesso ao mundo do trabalho, aos empregos modernos e às novas profissões.

Já estamos na Era da Informação, na qual o conhecimento é o principal instrumento de trabalho, e muitos não contam com preparo suficiente para serem incorporados aos empregos modernos. Já vivemos épocas de grande dependência do trabalho manual, da força física; posteriormente, as máquinas assumiram esse papel e a maneira de trabalhar mudou. Muitos foram desalojados de seus postos. Contudo, ainda não vimos uma época em que tantos estão de fora.

Essa realidade assusta a todos; como resposta geral ao medo, vemos continuar a cair a taxa de natalidade. Cada vez mais as pessoas optam por se casar mais tarde, ou mesmo por não se casar. Quando formam famílias, adiam o momento de ter filhos; por vezes, alguns casais sequer pensam em tê-los, e, quando os têm, restringem-se a apenas uma criança. Como pano de fundo, há um estresse relacionado à capacidade que temos de preparar as crianças para o mundo de hoje e para o que ainda está por vir.

O desemprego já não está ligado apenas à economia; mudanças importantes extinguem profissões e criam outras para uns poucos que já estão preparados. A própria ideia de alguém preparado é vaga. Vejamos o exemplo de uma escola internacional, que ensina inglês, mandarim, computação e gestão de projetos a suas turmas. Suas mensalidades equivalem a 10 salários mínimos. Mesmo oferecendo tudo isso, talvez a maior certeza de que seus alunos terão melhores chances futuramente esteja na rede que é formada a partir do convívio com outras crianças bem-nascidas, e não necessariamente no conhecimento apresentado em classe. Na prática, ninguém sabe bem quais serão as competências que garantirão sucesso na sociedade do futuro.

Neste cenário, todas as escolas estão ameaçadas e todo o setor da Educação carrega em si um enorme desafio: é preciso decifrar o mundo a tempo de preparar os jovens para ele. Essas mudanças estruturais fazem único este momento que estamos vivendo. Está na hora de repensar os vínculos que são criados entre escola, família e comunidade à luz de uma Nova Visão de Mundo.

Boa leitura.

5. Definição de Geomarketing

Existem muitas definições para o que é Geomarketing: desde a já mencionada intersecção entre Geografia e Marketing, passando pelo termo *Location Analytics*, mais usado nos Estados Unidos, até o Marketing de Precisão ou Micromarketing, que são ações focadas em territórios tão pequenos quanto um bairro ou mesmo um único quarteirão.

Quem estuda Marketing aprende muito sobre Coca-Cola, Apple, Starbucks, McDonald's, Renner, Ford, Natura, O Boticário e outras grandes marcas. Contudo, quando se começa a trabalhar, o jovem profissional se depara com o desafio de aplicar o que aprendeu à realidade de negócios, como em uma pizzaria de bairro, rede de cabeleireiros, mercadinho da esquina ou naquela escola pequena do bairro, sem ambição de crescimento.

É nessa escala micro que você deverá utilizar o Geomarketing. Afinal, as forças que influenciam seu negócio não estão concentradas na macroeconomia, como o valor do dólar ou as taxas de juros, e sim, principalmente, nas demandas da população de uma parte da cidade.

Essa população faz escolhas diariamente: em qual supermercado ir, qual restaurante frequentar, o que vestir e até as músicas que ouvirá. Ao fundo dessas escolhas diárias estão decisões mais consistentes, isto é, onde morar, no que trabalhar e onde as crianças estudarão. São decisões que nem sempre passam por um processo profundo de reflexão, mas exercem influência total sobre como será a rotina de uma família.

O Geomarketing propõe-se a decifrar essas escolhas, possivelmente antecipando-se àquelas que ainda não foram feitas. Não há magia envolvida nisso, e sim apenas um olhar preciso sobre informações de mercado, como elas formam um conjunto maior e o que esse conjunto aponta.

Por que Geomarketing é importante

Existe algo em comum nas redes como McDonald's, Bob's, Burger King, Giraffas, KFC e Subway: todas decidem com muito critério o ponto onde instalarão suas unidades.

Qualquer grande rede varejista começou com a primeira loja, que fez sucesso a ponto de dar origem a uma segunda, terceira, quarta e por aí vai. Caso alguma dessas primeiras lojas fosse mal, poderia arrastar a rede inteira para a falência. Isso é até bem comum.

É até pouco divulgado, mas a realidade é que as empresas mais bem administradas fazem muitos estudos de localização. O que raramente sabemos é o que esses estudos abrangem.

Estes são os estudos de Geomarketing.

Eles garantem que você:

Definição de Geomarketing

- não esteja pagando mais pelo ponto do que ele vale;
- tenha facilidade em atrair clientes;
- esteja próximo de outros pontos que te ajudam a ter sucesso e afastado dos que atrapalham;
- seja visto e lembrado várias vezes, valendo como investimento em marketing;
- tenha sucesso e siga fazendo seus negócios crescerem.

Motivos para realizar estudos de Geomarketing

Tem por aí muita gente que considera ter um bom faro para negócios, aquela capacidade de olhar um ponto e dizer "Vai ser aqui!". Mas quase sempre existe um sócio, um investidor externo ou até um candidato a ser seu franqueado. Ou seja, uma outra parte que nem sempre vai concordar com isso. Você se imagina apostando alto no faro de outra pessoa? Você considera que tem um bom faro?

Muito mais do que uma boa impressão, um projeto de negócios precisa passar confiança e um mínimo de previsibilidade, se possível com uma faixa de segurança financeira. É comum que redes de franquias ofereçam um faturamento mínimo garantido nos primeiros meses de funcionamento. Elas podem fazer isso porque seus estudos de Geomarketing já apontaram potencial elevado para tais localizações.

Na prática, o faro para negócios esconde um risco: o de se apegar tanto a uma ideia que chegamos a desconsiderar oportunidades melhores. Para compensar esse risco, devemos contar com a lógica típica dos estudos, que reforçam a capacidade de decisão e consenso, uma vez que mostram a realidade com clareza e riqueza de detalhes, garantindo mais discernimento.

Indo além desses pontos, as análises de Geomarketing oferecem precisão suficiente para que o crescimento de uma rede ocorra sem atropelos, afastando também o risco de canibalização, que é quando uma rede disputa clientes entre suas próprias unidades.

É comum que estudos desse tipo sejam voltados para estratégias de crescimento, mas eles também podem ser utilizados para a formulação de defesas contra competidores.

Os conceitos abordados poderão ser usados para fins de:

- Expansão geográfica – Identificação e validação de regiões que absorvem novas unidades;
- Penetração de mercado – Potencial disponível, oportunidades para que uma unidade já atuante cresça ainda mais;
- Aquisições – Entendimento acerca de se uma escola que esteja à venda de fato vale o preço que está sendo pedido;
- Inteligência competitiva – Compreensão da posição competitiva de seus concorrentes e de modos de se proteger, até mesmo podendo ganhar mercado sobre eles.

6. Roteiro de Análise em Geomarketing

"Quanto mais amplo o leque de serviços oferecidos, maior será a influência econômica, política e cultural da cidade, que pode chegar a polarizar toda a rede urbana local, regional ou até mesmo nacional. O grau dessa influência é que determina a existência de uma hierarquia urbana [...]".

SILVA, V. G. Geografia do Brasil e Geral: povos e territórios. São Paulo: Escala Educacional, 2005. p.70

O texto acima discorre sobre a força que as cidades exercem umas sobre as outras, estabelecendo, assim, uma hierarquia entre elas. Estas forças agem dentro das cidades, em seus espaços internos, como regiões ou bairros. Alguns lugares da cidade exercem influência sobre os demais, como os Centros Comerciais ou as áreas mais desenvolvidas. Aqueles que atuam dentro desses centros recebem os benefícios de sua atratividade, ao passo que aqueles que estão mais afastados deles devem ter consciência de que estão em desvantagem, devendo agir para compensá-la ou mesmo reverter este quadro.

A regra de atratividade é: quanto mais rica for uma oferta, seja quantitativa ou qualitativamente, maior será sua influência sobre o espaço, podendo até mesmo ultrapassar limites municipais.

O ambiente de mercado

Não importa quão pequena seja sua área de atuação; ainda que seja apenas um bairro ou um conjunto de quarteirões, o plano maior exerce influência sobre essa região.

Cada bairro está contido em uma cidade, que por sua vez, faz parte de uma rede de cidades vizinhas, que faz parte de um estado, que ajuda a compor um país, em uma grande rede de conexões.

Por isso, o primeiro passo de uma boa análise é conhecer o plano maior em que sua região de atuação está inserida.

Qual é a atividade econômica de sua região?

* **Agricultura –** Processos de industrialização do campo dependem de profissionais qualificados para lidar com máquinas e sistemas avançados. Indo além, esses processos dependem cada vez menos de mão de obra. O grande desafio das escolas dessas regiões é preparar os jovens para a cidade grande, para onde irão quando for o momento de construir suas vidas.

- **Indústria –** Cenário ainda mais complexo que o da agricultura, apresenta automação em larga escala, motores elétricos, consumo de energia renovável e competição global.
- **Comércio e Serviços –** O segmento que mais cresce em importância e participação na criação de empregos. Inclui tanto serviços pessoais, como de motoristas e cabeleireiros, passando por consultorias tributárias, atividades médicas e até mesmo programação de computadores.

Consulte o *site* do Instituto Brasileiro de Geografia e Estatística (IBGE) e veja como é composto o Produto Interno Bruto (PIB) de sua cidade e também da sua região:

<https://cidades.ibge.gov.br>

<https://www.ibge.gov.br/explica/pib.php>

Por que sua cidade existe?

Relembre a história e pense se a cidade continua relevante no plano geral. Algumas cidades foram importantes no tempo das ferrovias, outras eram sede de indústrias que já não existem. Algumas crescem como polos de ensino, saúde ou comércio. Procure entender se a razão da cidade existir ainda é válida e se renova. Lembre-se de que o Brasil continua a crescer em cidades mais desenvolvidas, em um processo contínuo de urbanização e concentração em metrópoles.

Sua cidade cresce e tende a continuar crescendo?

A melhor maneira de responder a esta pergunta está no Índice de Desenvolvimento Humano (IDH), um composto de indicadores de saúde, educação, trabalho. Quanto melhor for a posição de sua cidade no IDH em relação às cidades vizinhas, mais chance ela terá de seguir crescendo. As pessoas tendem a se mudar em busca de melhores oportunidades e condições de vida, por isso os lugares com baixo desempenho no IDH tendem a ser esvaziados.

Veja como está sua cidade e as cidades vizinhas no *site* do Programa das Nações Unidas para o Desenvolvimento (PNUD):

<http://www.br.undp.org>

Análises da população

Tamanho é relativo, mas se existem cidades bem maiores que a sua por perto, você terá concorrentes fortes concentrados nelas uma vez que quanto maior a cidade, maior a demanda de especialização do ensino.

Liste o tamanho da população em sua cidade e nas cidades vizinhas, a uma distância de até 20 km.

Estrutura etária

Vamos observar o tamanho da população por faixas de idade. Essa análise costuma ser chamada de "pirâmide etária", mas cada vez menos se parece com uma pirâmide, sendo mais semelhante a um losango.

Confira os estudos populacionais ligados às pirâmides etárias neste *site* do IBGE:

<https://www.ibge.gov.br/apps/populacao/projecao/>

Hoje o Brasil vive o chamado Bônus Demográfico, estágio em que a maior parte da população é adulta, já em idade para trabalhar, e, proporcionalmente, com menos pessoas concentradas nas faixas em que são economicamente dependentes, isto é, crianças ou idosos.

Há lugares na Serra Gaúcha em que mais da metade da população tem 50 anos ou mais. Isso não se deve apenas ao clima da serra e aos bons vinhos, mas também, e principalmente, ao movimento de jovens em direção a cidades mais desenvolvidas.

Regiões com forte atividade econômica atraem jovens profissionais, que ali formarão suas famílias.

Como sua cidade está neste aspecto?

Projeção populacional

O IBGE também nos ajuda a entender a estrutura populacional e estimar o crescimento vegetativo da população, isto é, a diferença entre os que nascem e morrem. Com isso, poderemos antever se sua cidade tem perspectiva de crescimento populacional, o que é importante para as escolas.

A idade média da população brasileira está mais elevada, ou seja, há menos crianças e jovens, mas há mais adultos e idosos entre nós. Nunca foi tão importante entender se a região de interesse tem perfil familiar ou apresenta população mais madura.

Tenha em mente que nem sempre é ruim ter uma proporção maior de adultos do que crianças; afinal, são eles que pagam pela educação delas. A decisão de ter menos filhos, inclusive, é muito influenciada pela vontade de oferecer uma educação de qualidade a eles. Avós, assim como tios e tias sem filhos, também contribuem para uma educação de qualidade, por exemplo, ao financiar atividades extracurriculares para os netos.

Tabelas completas, com projeções populacionais de município a município do Brasil, podem ser consultadas neste endereço: <https://www.ibge.gov.br/estatisticas/sociais/populacao/9109-projecao-da-populacao.html?=&t=resultados>

Trabalho e emprego

Vamos retomar as análises de atividade econômica, que agora serão desdobradas em termos de volume de empregos.

Qual é o volume de pessoas empregadas em relação à população em idade apta para trabalhar? Ou seja, qual é o percentual de pessoas ocupadas?

Esse é o índice composto de ocupação e desocupação. Diferentes indicadores oficiais desconsideram pessoas que desistiram de procurar emprego, talvez por terem ouvido muitos "nãos" ou por terem investido em iniciativa própria, empreendendo formal ou informalmente.

O mais importante é saber qual é a estimativa de população empregada em sua cidade. Quanto menor for essa proporção, menos pessoas terão renda fixa, resultando em ainda menos pessoas que podem ser clientes daquelas que estão oferecendo algum serviço, como motorista, comida pronta, cosméticos, itens de cozinha, cuidados pessoais e por aí vai. Portanto, essa é uma medida central para compreender quantas famílias poderão acomodar em seu orçamento as mensalidades escolares.

Você pode analisar as abas de Trabalho e Emprego em sua cidade e nas Cidades vizinhas no endereço:

<https://cidades.ibge.gov.br>

É possível baixar tabelas com o balanço da criação de vagas de emprego nos bancos de dados do CAGED (Cadastro Geral de Empregados e Desempregados), registro do Ministério do Trabalho:

<http://pdet.mte.gov.br/caged>

Renda

Você pode conhecer a renda média em sua região usando os dados do CENSO 2010, disponíveis em <https://downloads.ibge.gov.br/downloads_estatisticas.htm>. Eles nos garantem conhecer a estrutura, em salários mínimos, da renda em uma região. No *site* do IBGE Downloads é possível extrair esses dados e atualizá-los para o valor atual, o que nos dará uma perspectiva da renda familiar média.

Por isso mesmo, para efeitos de análises preliminares, vamos usar como referência a estrutura de gastos familiares.

A participação de Educação no orçamento de uma família varia de acordo com sua classe de renda: faixas menores dependem mais da educação pública e, normalmente, comprometem parcelas grandes com moradia, alimentação e transporte. Quando chegamos a faixas médias e altas, vemos mais disponibilidade.

Use a tabela ao lado para entender quanto uma família pode investir em Educação de acordo com sua renda localizada em faixas de salários mínimos. Isso resultará no valor disponível e em uma ideia acerca da mensalidade que pode ser cobrada em determinada região.

Uma regrinha básica: em geral, os gastos com educação são proporcionais aos gastos com moradia. Confira o valor médio do aluguel em sua região e ele será um bom balizador para que você estime facilmente quanto as famílias estão dispostas a gastar com escola.

Regra de três

Percentual da Renda gasta com Aluguel		
12%	Média Brasil	
24%	Até 2 salários mínimos	
19%	Entre 2 e 3 salários mínimos	
16%	Entre 4 e 6 salários mínimos	**Classes de rendimento total e variação patrimonial mensal familiar**
13%	Entre 6 e 10 salários mínimos	
11%	Entre 10 e 15 salários mínimos	
9%	Entre 15 e 25 salários mínimos	
7%	Mais de 25 salários mínimos	

Verifique como está o valor dos aluguéis em sua região de atuação. Desse modo, você faz uma média e consegue estimar aproximadamente a faixa de renda das famílias.

Na tabela seguinte, é possível enxergar quantas vezes mais as famílias gastam com aluguel em relação aos gastos com educação. Basta dividir o valor médio dos aluguéis em sua região de atuação pelo denominador da respectiva classe de renda. Assim, você terá feito uma boa estimativa da disponibilidade financeira que as famílias de sua área de atuação têm para gastos com educação.

Razões de Gastos com Aluguel divididas pelos Gastos com Educação		
5	Média Brasil	
19	Até 2 salários mínimos	
15	Entre 2 e 3 salários mínimos	Classes de rendimento total e variação patrimonial mensal familiar
10	Entre 4 e 6 salários mínimos	
6	Entre 6 e 10 salários mínimos	
4	Entre 10 e 15 salários mínimos	
2	Entre 15 e 25 salários mínimos	
3	Mais de 25 salários mínimos	

Análises de mercado

A essa altura, você já reuniu boas informações sobre a população de sua cidade. Vamos olhar para elas e tentar entender quais grupos se formam e são mais importantes.

* Pirâmide etária → A distribuição etária da população nos dá uma dica de como as famílias estão configuradas:
  ◇ Larga na base → Mais crianças por adulto é indicativo de famílias grandes e renda média baixa;
  ◇ Larga no meio → Neste caso temos mais adultos por criança, indicativo da preferência por adiar o casamento e a chegada do primeiro filho. Com mais adultos por criança, existe uma disponibilidade para que tios, avós e outros parentes possam contribuir para a educação das crianças que já fazem parte da família;

◇ Larga no topo → Perfil de cidade boa para se aposentar. Muitos jovens deixarão a cidade quando forem mais velhos, mas sem problemas quanto aos estágios iniciais do ensino.

Públicos-alvo

Considerando a população total, você identifica algum grupo mais inclinado à sua proposta de ensino?

Nem todas as escolas são boas para todos. Sabemos bem que existem famílias que valorizarão o ensino religioso, enquanto outras considerarão isso um problema.

Da população de sua cidade, quantas famílias têm o perfil para escolher sua escola em vez de outras?

Fique atento a:

- Composição familiar – Já se foi o tempo em que a típica família brasileira era formada por um casal com 2 ou 3 filhos, em que apenas o chefe de família trabalhava. As mulheres cresceram em participação no mercado de trabalho e alteraram a composição de renda.
- Tendências fortes – Jovens estão adiando o casamento, depois adiando também o primeiro filho. Podem ter apenas um, no máximo dois.
- Qual é a idade média dos adultos com filhos em sua região? Com quantos anos eles tiveram o primeiro filho?
- Como sua escola está posicionada para atender os seus públicos?

A demanda por educação

Estamos vivendo uma grande mudança na maneira como as famílias encaram a educação, reduzindo suas expectativas em relação a uma educação pública de qualidade e direcionando meios para o ensino privado.

Como já mencionado, a decisão por ter menos filhos deriva do desejo de oferecer ainda mais oportunidades para as crianças. Isso aumenta a demanda por uma educação de qualidade.

Hoje, mais do que nas décadas passadas, há disponibilidade orçamentária para a educação. Somando-se a isso o fato de existir menos crianças, no longo prazo, a qualidade do ensino será um atributo mais importante do que o custo.

Menos filhos significa mais dedicação dos pais às crianças, comportamento que se estende ao envolvimento com as escolas. O olhar dos pais sobre a escola ficará cada vez mais crítico e exigente.

Essas mudanças estruturais nas expectativas em relação à educação criam novos cenários. Escolas tradicionais podem ver sua liderança ameaçada por escolas mais alinhadas aos novos tempos.

Neste ponto, o ensino público sofre ainda mais, considerando que tem menos agilidade para adaptação. Se hoje já não atende bem às expectativas, imagine em um futuro no qual o olhar crítico dos pais será ainda mais intenso. Podemos esperar uma demanda ainda mais forte pelo ensino privado. Entretanto, apenas para as escolas que estiverem alinhadas às expectativas das famílias e tenham um custo adequado aos seus orçamentos familiares.

7. Conceitos de Geomarketing

A visão de mercado que discutimos até aqui é essencial para a aplicação dos principais conceitos de Geomarketing.

Atratividade

Esse é o conceito central do Geomarketing. A força de atração está presente em tudo mais que iremos abordar.

Pense: qual é a capacidade que uma escola tem para atrair alunos de longe?

Podemos pensar no caso de uma escola sem grandes apelos, atraindo moradores do bairro que estão a poucos quarteirões de distância.

Talvez seja uma escola muito forte e tradicional, com um apelo tão grande que consiga atrair alunos até mesmo de cidades vizinhas.

O que diferencia uma escola da outra?

Escolas de bairro

São escolas em que o maior apelo é a conveniência para os pais: estão perto de casa, é mais fácil o leva e traz. Além disso, considerando crianças pequenas, a expectativa dos pais pode estar maior no sentido da comodidade do que no método pedagógico ou na riqueza das instalações.

Portanto, quanto mais cedo for o estágio educacional, mais importante será a conveniência. Do mesmo modo, na medida em que as crianças avançam em seus estudos, ficando mais velhas, elas passam a poder ir mais longe, em busca de escolas mais completas para seu desenvolvimento.

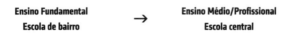

Ensino Fundamental	→	Ensino Médio/Profissional
Escola de bairro		Escola central

A conveniência de uma escola de bairro é algo sempre bom, mas perde importância quando outros fatores educacionais são levados em consideração. Elementos, por exemplo, como o peso do nome da escola, nível de exigência e formação, amplitude dos conhecimentos ensinados, como línguas, esportes, computação, artes.

Vamos nos lembrar do crescente olhar crítico dos pais sobre as escolas, como eles deixaram de ter mais filhos para direcionar mais recursos e esperam retorno, sobretudo na riqueza de conhecimentos e na competitividade que a escola dará para seus alunos quando estes chegarem ao momento de escolher uma faculdade ou ao mercado de trabalho.

A composição de aspectos aumenta a atratividade, mas também não é motivo para esconder a escola no meio do mato. Muitos até levarão seus filhos à escola lá ou contratarão serviços de transporte, mas outros, poderão deixá-la de lado face às dificuldades na rotina.

Considere sempre o trajeto de casa para o trabalho quando for avaliar a localização de uma escola, bem como se é possível acessá-la por meios de transporte público ou se é seguro e razoável chegar a ela caminhando. Ainda que sua escola seja a mais moderna e desejada, é muito importante que o acesso às suas dependências seja facilitado de diversas formas.

Em geral, nas cidades brasileiras há poucos sistemas de transporte circulares entre bairros; a maioria se limita a bairro-centro-bairro. Isso aumenta a importância de se estar nas imediações das regiões centrais.

Escola local

Tipo de localização intermediária, possível em cidades grandes o suficiente para serem divididas em setores (Norte, Sul, lados de rios ou estradas). Nesses casos, haverá espaço para unidades locais, que suprirão a demanda de cada setor.

Ainda assim, caso você esteja avaliando essa estratégia de localização, é importante ter em mente que na medida em que o ensino avança, mais os alunos serão capazes de se deslocarem sozinhos e buscarão escolas mais sintonizadas com seus objetivos, mesmo que isso lhes custe mais tempo e dinheiro. Portanto, o potencial de mercado para a estratégia local será mais fraco quando se tratar de etapas mais adiantadas da educação, como no Ensino Médio e Profissionalizante.

Escola ampla

É a "superescola", com equipamentos de ensino completos e generosos. Podem ter mais de uma quadra esportiva, possibilitando a prática simultânea de diferentes atividades, além de pátios grandes, para acomodar muitos alunos nos intervalos, e todas as demais estruturas que seriam inviáveis para escolas de menor porte.

Essa diversidade de recursos agirá sobre os pais e alunos, aumentando neles a disponibilidade para empenhar recursos para chegarem a essa escola. Uma família determinada a oferecer esse tipo de educação para suas crianças considerará gastos adicionais com transporte ou será responsável pelo leva e traz.

Agora, imagine uma escola com essa riqueza de recursos, numa localização central, acessível por transporte público, ou no caminho ou próxima de centros comerciais e empresariais. Essa seria uma escola com forte atratividade, pois as duas dimensões estão agindo em conjunto.

Escola especializada

Uma outra maneira de agir sobre a atratividade de uma escola é oferecer algo que as outras não oferecem e que esteja em sintonia com os anseios dos pais e alunos. Cada vez mais, crescem escolas com abordagens voltadas para o mundo da tecnologia, que complementam a grade curricular

Conceitos de Geomarketing

com robótica, criação de jogos de *videogame* ou aplicativos de celular, conteúdo voltado para o empreendedorismo e finanças, entre outros.

Existindo demanda entre a população pela especialidade oferecida, o poder de atratividade da escola aumentará, viabilizando que ela atue em níveis semelhantes aos das escolas amplas, com a vantagem de que as escolas especializadas poderão operar em imóveis menores.

Essa pode ser uma saída estratégica para ocupar espaços em regiões centrais, onde o custo de ocupação é mais elevado.

Escolas orientadas a preço ou condição de oferta

Está em curso a tendência de direcionar mais atenção a menos filhos. Isso retira o apelo das escolas em que o custo baixo é a variável mais forte. Mas ainda estamos no Brasil, um país com economia vacilante e orçamentos apertados. Diversas famílias levarão em consideração o preço sobre a distância, desde que a qualidade percebida seja adequada.

Nesses casos, pode ser possível trabalhar com ganhos de escala, operando a escola em regiões mais afastadas, onde os custos de ocupação são menores. Assim, a escola poderá trabalhar com mais alunos por sala, devendo também, ter cuidado para manter o bom padrão de ensino.

Nem sempre o preço precisa ser o menor, por isso chamamos este formato também de "condição da oferta". Analise todos os custos envolvidos na educação de uma criança, indo além das mensalidades, passando pelos materiais didáticos, excursões, eventos e cursos adicionais, como idiomas, esportes, reforço escolar. Tente oferecer um pacote completo com custo competitivo. Pense nas ofertas do McDonald's e junte tudo o que importa em uma promoção só. Ao fim do processo, o custo global terá de ser menor do que a contratação de tudo separadamente, e os pais levarão isso em conta.

Escolas de performance

Ainda me lembro bem dos *outdoors* com as fotos dos alunos que passaram no vestibular na escola em que estudei. Cada um deles com o chapéu de formando e o nome do curso e a universidade em que entraram.

Essa era uma medida de qualidade do ensino muito valorizada, mas hoje existem outras, e é mais natural que as escolas sejam ranqueadas por diversos critérios.

O ENEM é um dos mais importantes. Existem outros. Fique atento, pois essas são medidas objetivas de qualidade do ensino, o principal valor considerado pelas famílias. Estar em destaque em alguns deles aumentará sua atratividade.

Globalismo

Meios de comunicação eletrônicos, viagens internacionais mais acessíveis, programas de intercâmbio: o mundo está cada vez menor e mais conectado. Como sua escola se insere em um contexto global, ela prepara seus alunos para esse mundo.

O Inglês é central, mas é possível ir muito além, promovendo intercâmbios com outros países, organizando viagens de conclusão de curso. Esse é um dos valores mais importantes quando se fala de preparação para a vida moderna.

Visão de Mundo

Já reparou como o país está dividido em opiniões sobre política, família, sexo, religião?

Isso tudo age sobre as escolas, que são obrigadas a se posicionar.

Não é o caso de ser de esquerda ou de direita, mas entenda que determinadas visões dificilmente poderão conviver juntas. Isso ocorre, por exemplo, em algumas escolas religiosas, que podem até buscar um ensino mais abrangente, mas, em algum momento, reforçarão uma visão religiosa e até de mundo.

A maneira de encarar o meio ambiente é outro elemento central. Não basta mais ter o dia de plantar mudas de árvore; deve-se perceber o quanto a escola é sustentável em si e como ela envolve os alunos nessa consciência. Esse é um aspecto em que diferentes visões convergem, variando apenas no nível de exigência em relação ao comprometimento da escola com o meio ambiente.

Além das tendências e modas que aparecem nas metodologias de ensino, existem as abordagens pedagógicas, que agirão como especialidades caso sejam percebidas como elementos importantes pelos pais. Ao adotar uma metodologia de ensino, use-a em suas mensagens e reforce o quanto ela dará aos alunos as capacidades valorizadas pelos pais. Para que a metodologia de ensino possa agir sobre a atratividade de sua instituição, é importante que esse posicionamento seja único, ou seja, que as suas concorrentes não a ofereçam.

Análise da Área de Influência

Área de Influência é um conceito central de Geomarketing que aborda a atratividade que um ponto exerce sobre as regiões vizinhas. Note que os nomes que usamos para os tipos de escola já embutem sua atratividade: de bairro, local, central.

Imaginemos uma escola bem de bairro, daquelas que adapta uma casa, no máximo duas. Ela terá um pátio pequeno, algumas salas de aula. Essa escola terá apelo apenas para as famílias vizinhas próximas. Essa pequena estrutura reflete-se em baixa atratividade.

Não fará sentido para famílias de regiões mais distantes se darem ao trabalho de levar e buscar as crianças até uma escola tão acanhada. Pode, inclusive, existir uma escola desse tipo mais perto de suas casas, o que tiraria completamente o sentido de ir até a escola do bairro próximo.

Mas, e se esta mesma escolinha tiver algo de único, algo muito especial e valorizado pela família, seja uma linha pedagógica, uma visão de mundo ou acesso a tecnologias? Essa escola agora terá sua atratividade aumentada, pois essa característica valorizada pelos pais, não presente em outras escolas mais próximas, aumentará a disponibilidade para levar as crianças até lá.

Até aqui, comparamos escolas pequenas entre si para mostrar que a atratividade é influenciada por outras forças, além do tamanho. Contudo, o porte de uma escola será um importante elemento de atratividade.

Atratividade pode ser avaliada pela dificuldade em se chegar a um ponto. Se a dificuldade for grande, você esperará algo em troca. Quem pode chegar à escola com uma curta caminhada está preparado para compreender que ela pode não ter tudo o que uma grande escola oferece. Da mesma maneira, quem valoriza uma escola completa, com muito espaço para práticas esportivas, áreas verdes, um nome forte, se sentirá recompensado pelos esforços para chegar até ela. Isso é atratividade.

Daí você se pergunta: vale mais a pena instituir uma "superescola" em uma região afastada ou uma escola menor mais perto das famílias?

Para responder a este dilema, você deve compreender também o conceito de concentração populacional.

Vivemos em cidades, que são áreas de alta concentração populacional, sobretudo em seus perímetros urbanos. Quanto maior for a concentração populacional em uma região, maior será a demanda ali. Áreas como essas constituem oportunidades de mercado, por isso é tão importante realizar análises de atratividade e acessibilidade, para que, assim, seja possível identificar o modo mais adequado de capturar a melhor parcela dessa oportunidade.

Em muitas cidades do Brasil, centros são regiões valorizadas, sobretudo aqueles avizinhados a bons bairros. O potencial de mercado de um centro se dá considerando as famílias que ali residem e a soma de potenciais de outras áreas da cidade. Isso ocorre porque as áreas centrais são as mais acessíveis, seja de carro ou transporte público. Soma-se a isso o fato de que diversas outras atividades comerciais e profissionais vão estar concentradas ali, o que por si só já aumenta sua atratividade.

A alta concentração populacional também aumenta as dificuldades de deslocamento pela cidade, o que novamente favorece o centro. Uma boa escola neste local terá sua atratividade aumentada, pois o próprio centro será um agente de atratividade.

Se esta escola for de grande porte, suas dimensões também serão motivos de atração, colocando essa escola em um patamar elevado de importância quando as famílias planejarem a educação de seus filhos.

Por sua vez, nos casos de baixa concentração populacional, pode haver escolas que não dependam tanto de seus alunos chegarem a elas com transporte público ou que sejam próximas da maioria dos bairros. Essas exercerão sua atratividade em função de porte, especialidade ou preço. Por exemplo, por ficarem mais afastadas das regiões centrais, elas podem compensar a dificuldade extra em se chegar a elas oferecendo serviços de transporte escolar junto com a mensalidade. Isso ajuda, pois além de entrar na conta de peso global que o ensino tem nos orçamentos familiares, também aumenta a conveniência para os pais que ficam livres do compromisso de levar e buscar as crianças.

Voltando à pergunta: vale mais a pena criar uma "superescola" em uma região afastada ou uma escola menor mais perto das famílias?

* A região afastada pode ser mais barata, havendo espaço livre perto da natureza. Assim, é possível erguer uma bela escola.
* A região central é mais cara, afinal outras empresas também têm interesse no mesmo espaço. O custo do espaço concorre com os investimentos em instalações e equipamentos de ensino.

Vamos imaginar alguém com este dilema: criar a melhor escola possível em uma região mais afastada ou criar a escola possível em uma região central.

Pontos que esta pessoa deveria considerar:

Quantos alunos podem chegar à escola a pé?

Pense em como os alunos podem chegar à escola. Quanto mais velhos forem, mais independentes eles serão. Então, essa será uma razão por idade. Crianças menores precisam que um responsável vá com elas até a escola. Adolescentes podem caminhar por mais tempo e até irem de bicicleta. Ainda assim, haverá um limite máximo para a atratividade.

Vamos usar como referência uma caminhada máxima de 1 quilômetro. Imagine sua escola no centro de uma esfera com 1 quilômetro para cada lado.

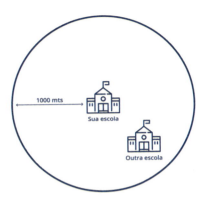

Exemplo de raio de influência sobreposto.

Existem outras escolas concorrentes dentro deste raio?

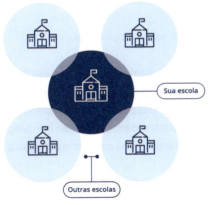

Exemplo de raios sobrepostos.

Vamos falar de análise de concorrentes mais à frente, mas é importante considerar se estas escolas exercem influência sobre o público-alvo da sua. Caso sim, as famílias poderão considerá-las mais acessíveis e decidir por elas. Caso sua escola tenha mais apelo, elas entenderão que vale o esforço de chegar até você, mesmo que no percurso passem na frente da outra.

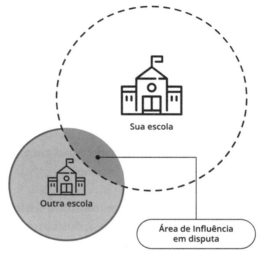

Exemplo de uma área excluindo as intersecções.

Agora temos o desenho da região que compreende o público que poderá chegar à escola andando. Quantas famílias vivem ali? Entre esse total de famílias, aquelas com renda compatível com sua mensalidade considerarão fortemente sua escola.

Quantos alunos podem chegar de carro?

Aqui há uma mudança estrutural, que é a renda média das famílias que compõem seu público-alvo. Alguns grupos sequer terão um carro, outros podem até tê-lo, mas não terão disponibilidade para usá-los no percurso de ida e vinda até a escola.

Se seu público pode usar um carro todos os dias para o transporte escolar, a questão de acessibilidade ganha outra dimensão, pois teremos que pensar no trânsito da cidade.

De carro é possível avançar grandes distâncias bem rápido, se o trânsito assim permitir. Considere um deslocamento de 15 minutos de carro. Quanto isso representa em distância percorrível?

Alguns programas de computador podem nos ajudar a desenhar áreas assim, mas também é possível calcular essas distâncias com algumas estimativas. Logo, teremos a área de chegada de carros em viagens de até 15 minutos.

Existem escolas concorrentes nessa mesma área?

Essa é uma avaliação mais delicada, pois teremos que desenhar áreas de atratividade para cada escola concorrente e analisar como elas se sobrepõem.

Conceitos de Geomarketing

Exemplo de desenho de áreas concorrentes.

Quantas famílias vivem ali? Entre esse total de famílias, aquelas com renda compatível com sua mensalidade considerarão fortemente sua escola.

Como é o acesso por transporte público?

Essa é uma avaliação bem desafiadora, pois o uso do transporte público se combina com alguns trechos de caminhada.

Quais são as linhas de ônibus com acesso à sua escola?

Desenhe as linhas em um mapa e marque os pontos de ônibus. Agora vamos considerar uma área de até 500 metros no entorno de cada ponto.

Assim, podemos calcular a população, filtrar as famílias do público-alvo e entender quantos alunos em potencial podem chegar à sua escola por transporte público. Atente-se à faixa etária; alunos como crianças da Educação Infantil não utilizarão o transporte público, logo não poderão fazer parte desta análise.

Novamente, atente-se para o tempo de deslocamento, a pontualidade das linhas e o conforto que oferecem.

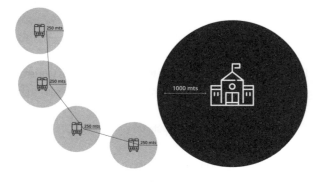

Exemplo de desenho de áreas de *buffer* de pontos de ônibus em uma linha.

Barreiras físicas e psicológicas

A ideia de que é possível desenhar um raio ao redor de um ponto e imaginar que os clientes poderão vir igualmente de todas as direções é irreal. Cada caminho oferece facilidades e dificuldades próprias. A isso damos o nome de barreiras geográficas.

Estas podem ser físicas, como uma grande subida no caminho, um rio sem ponte, uma estrada sem passarela ou viaduto, ou um deslocamento extra para chegar ao viaduto ou ponte.

Elas também podem ser psicológicas, como regiões da cidade mais perigosas e nas quais as pessoas têm medo de passar. Por exemplo, áreas industriais com intenso tráfego de caminhões e inóspitas para caminhadas, ou áreas com pouca infraestrutura, sem calçadas, com pouca iluminação e coleta de lixo esparsa.

Antes de encerrar o conceito da Área de Influência, vamos dividi-la em três níveis:

1. **Área de Influência Primária –** Região sobre a qual sua escola exercerá uma grande influência, podendo ser que até 70% do público-alvo residente decida-se por ela. Dentro desta área não existe a influência de concorrentes, e sua escola é a escolha mais fácil por todos os critérios.
2. **Área de Influência Secundária –** Região ampliada em relação à primária, na qual seus concorrentes também não atuam. Uma área em que ninguém exerce grande influência. Assim, famílias que residem ali terão de buscar escolas a uma distância maior que o padrão

da cidade. Por isso, essas áreas podem vir a fazer parte da Área de Influência de sua escola.

3. **Área de Influência Terciária –** Este público-alvo está absolutamente fora de sua área de atratividade. Ele não é atraído pela proximidade, mas, ainda assim, entende que sua escola é a melhor opção para ele. Isso se dá em função de vínculos mais fortes do que a conveniência e pode ser resultado da combinação de porte, reputação, especializações ou preço global (que considera todos os custos envolvidos, indo além da mensalidade). Em resumo, este público tem uma preferência clara por sua escola. Assim, mesmo que existam outras mais próximas, ele escolhe fazer um esforço maior para chegar até sua instituição.

Vamos voltar àquela pessoa que não sabia qual era a melhor escolha: criar a melhor escola possível em uma região mais afastada ou criar a escola possível em uma região central.

Com o conhecimento que você tem até agora, já seria possível ajudá-la?

Analisando melhor os concorrentes, talvez fique mais fácil decidir.

Concorrentes

Antes de tudo, saiba que sua escola provavelmente está dentro de algum nível de Área de Influência de um concorrente.

O que faz uma escola ser sua concorrente?

- Atender ao mesmo público-alvo que o seu;
- Atender a um público-alvo com perfil próximo do seu;
- Oferecer um ensino semelhante ao oferecido pela sua escola por um valor menor;
- Até estar mais longe, ser mais cara e, ainda assim, atrair o público-alvo por ser mais completa e ter uma reputação forte;
- Estar dentro de sua área de atuação e atrair alguns alunos por proximidade, criando um vazio dentro de sua região de atratividade.

E se a escola atende a outro público que não o seu?

Isso pode acontecer de diversas maneiras. Ela pode estar direcionada a outro estágio da educação, como os iniciais, mas a continuidade do método pedagógico pode não estar alinhada à sua escola. Ela também pode oferecer um padrão de ensino muito diferente do seu, sendo mais ou menos sofisticada.

O ponto central aqui é: uma escola será sua concorrente se ela atender a um público muito próximo do seu.

Considerando a estrutura de classes sociais que existe no Brasil e sua concentração espacial, será bastante comum que quase todas as escolas particulares atendam a públicos semelhantes.

A maior quantidade de famílias que recorre ao ensino particular é das classes A, B e C. Sendo a classe A muito reduzida em tamanho, apenas algumas cidades do Brasil terão demanda formada para escolas totalmente voltadas para as classes muito altas. A maioria das localidades não terá uma quantidade de famílias de classe A que justifique uma escola exclusiva para esta classe social.

A variação das mensalidades será mais afetada pela oferta composta de serviços que cada escola oferece, uma vez que para o orçamento familiar o mais importante é o valor global da educação. De modo que uma escola mais barata que precise ser complementada por cursos extras, como inglês, esportes e computação, ou mesmo com gastos relativos ao transporte, acabará tendo seu custo global mais elevado.

Identificando concorrentes

O Instituto Nacional de Estudos e Pesquisas Educacionais Anísio Teixeira (INEP), braço de estudos do Ministério da Educação (MEC), faz levantamentos completos e periódicos de todas as escolas e seu desempenho em diferentes critérios.

Acesse o *site* e familiarize-se. Ele será uma fonte constante de acompanhamento dos concorrentes: <http://portal.inep.gov.br/web/guest/inicio>

Critérios de análise dos concorrentes

Valor da mensalidade

Serviços agregados oferecidos

- ◆ Idiomas
- ◆ Computação
- ◆ Atividades esportivas e culturais

Localização

Bairro ↔ Centro
(quanto mais central, mais forte)

Acessibilidade

- ◆ Carro
    - ◇ Intensidade do tráfego em vias de chegada
    - ◇ Facilidade para espera em fila
    - ◇ Estacionamento
- ◆ Transporte público
    - ◇ Linhas
    - ◇ Frequência
    - ◇ Conforto
- ◆ Vias para caminhada
    - ◇ Calçadas
    - ◇ Iluminação
- ◆ Segurança
    - ◇ Na área de escola
    - ◇ Em seus acessos

Porte (quantidade de alunos)

Equipamentos de ensino

- ◆ Laboratórios
- ◆ Áreas esportivas
- ◆ Áreas verdes

Reputação (o quanto o nome desta escola é bem reconhecido em sua região)

Essa é uma medida relativa, que pode ser levantada com a aplicação de questionários como:

a. Em relação à escola ABC, você considera a escola XYZ:
Muito pior ← Igual → Muito melhor

b. Entre as escolas abaixo, qual delas você recomendaria (em ordem de importância)?
- ABC
- XYZ
- HUH

c. O desempenho no Exame Nacional do Ensino Médio (ENEM) é melhor ou pior do que em outras escolas?

d. Existem diferenças de Visão de Mundo em relação à sua escola quanto:
- a religião;
- ao apelo globalista;
- aos cuidados com o meio ambiente;
- a atitude liberal.

Aqui também deve ser questionado como seus públicos melhor se relacionam com cada abordagem, garantindo, assim, que sua Visão de Mundo seja atualizada.

Como fazer uma boa análise de seus concorrentes

Agora que temos uma lista detalhada dos principais atributos dos concorrentes, podemos entender seus potenciais e suas estratégias.

Vamos organizar os atributos em uma lista ordenada por **força**, colocando os atributos mais fortes no topo.

* Valor da mensalidade: quanto menor, mais importante
* Serviços agregados oferecidos: não tem, tem um, tem vários
* Localização: quanto mais central, mais forte
* Acessibilidade: é boa o suficiente?
* Segurança: é boa ou não?
* Porte: quanto mais alunos, melhor
* Equipamentos de ensino: não tem, tem um, tem vários
* Reputação: some pontos a cada questionário que coloca a escola no topo
* Visão de Mundo: quanto mais alinhada, melhor
* ENEM: nota média no exame

Agora sabemos bem quais são os pontos fortes e fracos de cada concorrente.

Assim, levando em consideração a posição de **força** de sua escola em relação aos concorrentes, vamos fazer duas listas:

* Concorrentes que devem ser evitados;
* Concorrentes que podem ser provocados.

Estratégias de defesa e ataque em relação aos concorrentes

Valor da mensalidade

Um concorrente pode ser de maior porte. Por isso, tem a capacidade de diluir parte de seus custos em uma base maior de alunos, o que lhe possibilita cobrar um valor menor.

Quando cobram mais:

- Quantos alunos há por sala – Qualidade implícita;
- Foco no aprendizado – Mais alunos, menos atenção do professor. Aqueles que têm dificuldade não são acompanhados de perto;
- Elitismo – Tentativa de se diferenciar pelo preço mais alto.

Quando cobram menos:

- Baixa valorização do professor;
- Crítica à qualidade das instalações;
- Possível canibalização do ensino.

Serviços agregados oferecidos

Neste ponto, as famílias farão uma análise de custo global.

Quando oferecem mais:

Tentativa de inflar a mensalidade com serviços de menor performance. Cursos de idiomas existem pois suas metodologias de ensino são mais eficientes, assim como atividades extraclasse especializadas são melhores. Uma escola deve manter o foco em sua proposta central: formar pessoas.

Quando oferecem menos:

O custo de contratar estes cursos fora deve ser considerado ao avaliar o custo global do ensino.

Localização

A força do seu endereço.

- Escola de bairro – Deverá fortalecer os laços com os públicos da Área de Influência Primária. Assim, deve atuar como centro cívico do bairro, organizando eventos em torno da escola e considerando o bairro como sua extensão.
- Escola central – Deve se relacionar com uma ampla área, indo com força até a Área de Influência Terciária, pois estes públicos irão con-siderar a facilidade que o centro já oferece.

Acessibilidade

Aqui cabe apenas reforçar os aspectos positivos e tentar compor com os negativos, como na estratégia de serviços de transporte escolar, orga-nização de grupos de carona, monitores que possam caminhar juntos com crianças até em casa.

Segurança

É difícil uma escola reverter sozinha um quadro negativo de segurança em sua região, mas existem alternativas, como aumentar os controles de acesso, a aproximação com a polícia, para afastar o perigo em horários de chegada e saída, colocar monitores em pontos de ônibus e providenciar o reforço da iluminação em seu entorno imediato.

Porte

A própria quantidade de alunos diz muito sobre a força da escola.

Quando o concorrente é grande:

* Mais uma vez, há foco no ensino direcionado;
* Crises típicas de uma escola grande.

Quando o concorrente é pequeno:

* Escola como espaço de socialização e construção de laços para a vida;
* Menos capacidade para contratar melhores professores e recursos de ensino;
* Mais pressão sobre a qualidade do ensino ou valor da mensalidade;
* Equipamentos de ensino: menos equipamentos é sempre um ponto delicado, pois as escolas são cada vez mais demandadas para além de suas funções básicas.

Mesmo em espaços menores, é possível compor equipamentos como salas de leitura, biblioteca de gibis, jogos de tabuleiro, ateliês de arte, espaços de música.

ENEM

Aqui não há muito o que dizer: que pelo menos sua escola esteja subindo no *ranking*. Caso tenha caído, que ainda esteja em uma faixa do topo. Situações permanentes de baixo desempenho ou queda continuada comprometem o poder de atração. Reduzir o valor das mensalidades para se adequar a esta colocação é um risco, pois se pode criar uma espiral em que menos recursos levam a um ensino pior, o que leva a mais quedas no *ranking*.

Reputação e Visão de Mundo

Estes dois atributos estão juntos pois são compostos. A reputação é algo que se constrói ao longo do tempo e não se perde tão facilmente. Por sua vez, o mundo está passando por mudanças estruturais e precisa de escolas que preparem os jovens para esta nova realidade. É bem provável que escolas com tradição e reputação sejam lentas em se adaptar, prendendo-se aos mesmos sistemas de valores que fizeram sua história. Assim, estar sintonizado com os novos tempos é uma oportunidade de colocar a Visão de Mundo à frente de Reputação, como se as escolas tradicionais estivessem preparando as crianças para o passado.

O processo de decisão por uma escola

Em determinado estágio da vida, todos nós passamos pela escola; em outro, cabe a nós escolher em qual escola nossas crianças estudarão. Esse é um processo complexo, sobretudo quando as referências das escolhas de nossos pais não valem mais.

Reconhecimento da necessidade

Tendo clareza da importância central que o conhecimento tem na sociedade atual e futura, é clara para os responsáveis a necessidade de uma educação de qualidade para uma vida plena. Portanto, cada estágio, desde a infância até o final da juventude, será marcado pelo equilíbrio ideal entre custo e qualidade.

Busca de informações

Quanto mais jovem for a criança, mais a busca de informações começará pela proximidade.

Quais são as escolas disponíveis na região próxima?

Um bairro é também uma região de semelhanças sociais, portanto a busca de informações passa por influenciadores, como familiares, vizinhos, amigos, colegas de trabalho e, principalmente, outros responsáveis com filhos em idade próxima e que já passaram por esta decisão.

Avaliação de alternativas

Consideradas as restrições de proximidade, recomendações e custos envolvidos, chega-se à lista de opções possíveis.

Neste momento os decisores estarão inclinados a visitar as instalações e conversar com diretores pedagógicos, professores e outros responsáveis.

Este é um estágio absolutamente íntimo, no qual o contato interpessoal que irá guiar anos de relação família-escola é medido, bem como todos os aspectos essenciais relacionados anteriormente. A escola pode se colocar diretamente para os responsáveis e influenciar seu processo de decisão, colocando elementos novos na balança.

Portanto, mesmo que sua escola esteja abaixo na lista de intenções, a ocasião da visita é uma oportunidade para demonstrar valores, visão de mundo, projetos e construir as bases de uma relação em longo prazo.

Quais são as escolas sempre consideradas junto com a sua?

Vamos recuperar aqui os materiais de análise da concorrência. Como se colocar diante de suas forças e fraquezas?

Adoção

Práticas vividas na nova escola antes que ela tenha sido escolhida. Procure dar uma vivência aos pais e alunos, como cursos extras, eventos, colônia de férias, isto é, algo que não exija compromisso de longo prazo que está em jogo.

Decisão

Ainda que o processo de decisão de uma família lhe pareça lógico e estruturado, ele será acima de tudo emocional. O guia emocional de uma decisão envolve a visão de mundo, globalismo, ecologia, bem como o contexto social, como *status* ou apelo tecnológico.

Resistências

Uma escola nova sofrerá com o peso do tradicional quando se trata de educação. A família terá receio em ser a primeira a apostar em uma nova abordagem, preferindo esperar mais algum tempo a fim de observar como o projeto evolui. O maior risco aqui é que pais ou responsáveis se decidam baseando-se nessa mesma linha, condenando a nova escola ao fracasso já de início.

A massa de decisores se divide entre:

- 2,5% de inovadores – Estão dispostos a correr riscos, sobretudo quando percebem um alinhamento forte com a nova escola;
- 13,5% de adotantes iniciais – Entendem que a experiência dos inovadores já é demonstrativo suficiente de qualidade;
- 34% de maioria inicial – Sentem-se confortáveis apenas quando um grupo significativo já atestou os benefícios envolvidos;

Conceitos de Geomarketing

- 34% de maioria tardia – Avessos aos riscos, só consideram uma escola quando a reputação da mesma estiver praticamente consolidada;
- 16% de retardatários – Querem ser os últimos a aderir a novidades, e só o fazem quando a novidade estiver estabelecida.

Essa é uma distribuição clássica entre perfis de adoção, que eventualmente pode mudar, mas funciona como uma referência sempre útil quando tentamos estimar o potencial de crescimento em um mercado, sobretudo porque também pode ser usada de maneira inversa:

- Retardatários ou Conservadores – Escolhem com a tradição e segurança em primeiro plano;
- Maioria tardia – Valorizam a reputação e desconfiam de novas abordagens. Preferem esperar para ver;
- Maioria inicial – Consideram-se atendidos pela escola atual, mas têm críticas a ela e gostariam de mais opções de qualidade;
- Adotantes iniciais – Consideram-se insatisfeitos com a escola atual e desejam conhecer outras opções. Desde que estas opções estejam atuando há algum tempo, para que possa ser verificada se sua proposta de valor é entregue;
- Inovadores – Desejosos de uma nova abordagem, insatisfeitos com a visão de mundo, qualidade da educação e dispostos a apostar em uma nova escola.

Comportamento pós-decisão

Pós-decisão! Você deve estar pensando: "tanto esforço para que os responsáveis decidam pela sua escola e ainda existe mais a fazer". Sim, existe, e dedicar-se a este estágio pode render muitos frutos.

Como falamos, a decisão é guiada pela emoção, mas logo depois que é tomada ela precisa ser confirmada pela lógica. Os responsáveis serão perguntados pelos motivos de suas escolhas e não escolhas. Você pode ajudá-los neste momento, com informações a respeito das vantagens de sua escola e pequenas desvantagens de seus concorrentes. Utilize materiais de reforço da decisão, como mapas, plantas das instalações, programas especiais e tudo o que puder apoiar a decisão pela sua escola. Essa é uma nova etapa de convencimento: o sucesso aqui pode lhe trazer ainda mais alunos a partir do boca a boca, especialmente considerando que os responsáveis estarão inclinados a demonstrar que sua decisão foi a mais inteligente.

Mensurando a demanda

O **potencial de mercado** total é a soma de todas as crianças e adolescentes que residem em domicílios dentro das faixas de renda-alvo.

Serão desconsiderados aqueles que residem em domicílios de classes mais baixas, pois suas famílias tendem a recorrer às escolas públicas, uma vez que os custos da educação privada não cabem em seu orçamento familiar.

Serão também desconsiderados da conta crianças e adolescentes de famílias com renda mais elevada, pois eles acabam por optar pelas opções mais sofisticadas. Isso ocorre mesmo nos casos em que as escolas de padrão mais alto fiquem distantes, sendo viável para eles o uso de transportes escolares ou alguém que se encarregue desse leva e traz. Caso não existam opções mais sofisticadas dentro de uma área razoável, então até mesmo essas famílias farão parte de sua demanda.

O ato de separar os domicílios em faixas de renda nos ajuda a definir a demanda qualificada, que é apenas a quantidade de famílias com orçamento disponível para educação.

Dentro da demanda qualificada está seu público-alvo, que poderá ser disputado por outras escolas. No entanto, como já estamos familiarizados com os conceitos de Atratividade e Área de Influência, sabemos que os responsáveis levarão em alta consideração os esforços de deslocamento, dando preferência às escolas mais próximas ou àquelas mais alinhadas às suas expectativas.

O Censo 2010 tem um *hotsite* chamado <https://censo2010.ibge.gov.br/>. Nele é possível conferir a contagem de pessoas por faixa etária. Portanto, as pessoas contadas com 10 anos à época hoje terão quase 20. Por outro lado, outras nasceram na mesma região, equilibrando o perfil. De todo modo, é bem provável que uma contagem atual encontre menos crianças, dada a contínua queda na taxa de natalidade.

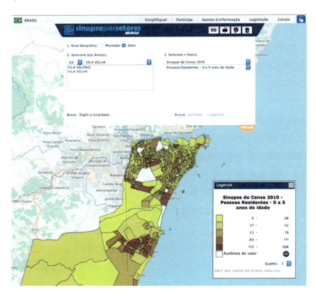

Podemos esperar algo mais sofisticado para o Censo de 2020; contudo, por ora, essa é uma boa informação disponível para entendimento da demanda.

Quanto à faixa de renda, vamos utilizar o valor do aluguel e considerar a tabela a seguir, na qual está descrito o percentual que ele tem no orçamento familiar. Assim, poderemos estimar qual seria a renda familiar.

Percentual da Renda gasta com Aluguel		
15%	Média Brasil	
22%	Até 2 salários mínimos	
21%	Entre 2 e 3 salários mínimos	Classes de rendimento total e variação patrimonial mensal familiar
17%	Entre 4 e 6 salários mínimos	
15%	Entre 6 e 10 salários mínimos	
14%	Entre 10 e 15 salários mínimos	
12%	Entre 15 e 25 salários mínimos	
11%	Mais de 25 salários mínimos	

Prevendo a demanda futura

Uma vez entendido o potencial disponível, será o momento de projetá-lo.

Uma escola poderá sofrer aumento de demanda no futuro se as famílias da região continuarem a crescer ou novas famílias vierem a residir em sua Área de Influência. Também pode ocorrer o oposto, quando vemos as famílias envelhecendo sem que jovens adultos decidam residir na região ou que estes jovens sigam adiando ou decidindo não ter filhos, o que é cada vez mais comum. Nesses casos, a demanda reduzirá com o tempo.

Uma informação essencial para esta projeção pode ser levantada facilmente mediante análise de classificados residenciais. Isso mostra a dinâmica de renovação de famílias na região. Poucos anúncios são sinais de estagnação e riscos para contínua renovação de famílias em sua região. É válido também realizar o levantamento de lançamentos imobiliários, para entender se sua região atrai novos moradores.

Veja a tabela abaixo, que mostra a taxa de fecundidade de mulheres por faixa etária.

Ano	2010	2020 (projeção)	
Taxa Fecundidade Total	1.75	1.76	
15-19	0.0642	0.0583	
20-24	0.0957	0.0875	Taxas específicas de fecundidade por grupo etário da mãe
25-29	0.0850	0.0843	
30-34	0.0620	0.0703	
35-39	0.0331	0.0399	
40-44	0.0093	0.0108	
45-49	0.0008	0.0009	

Nela vemos que a taxa de fecundidade já está abaixo de 2,1 filhos por mulher, mínimo estimado para a reposição populacional.

A tabela seguinte nos mostra como a idade para ter filhos está aumentando. Até a faixa de 29 anos. A fecundidade cai e ganha força na faixa de 35-39 anos. Trata-se de indicativo de uma nova atitude em relação à maternidade, cada vez mais planejada.

Conceitos de Geomarketing

Ano	2020 (projeção)	
Taxa Fecundidade Total	1.76	
15-19	-9.19%	
20-24	-8.57%	
25-29	-0.82%	Redução das taxas específicas de fecundidade por grupo etário da mãe 2010-2020 (projeção)
30-34	13.39%	
35-39	20.54%	
40-44	16.13%	
45-49	12.50%	

Nota: Projeção da população por sexo e idade – Indicadores implícitos na projeção.

Vale destacar o perfil da nova família brasileira, menor do que muitos têm em mente, sobretudo nas classes de menor rendimento.

Classes de rendimento total e variação patrimonial mensal familiar		
Média Brasil	2.97	
Até 2 salários mínimos	2.59	
Entre 2 e 3 salários mínimos	2.77	
Entre 4 e 6 salários mínimos	3.13	Tamanho médio da família (pessoas)
Entre 6 e 10 salários mínimos	3.25	
Entre 10 e 15 salários mínimos	3.15	
Entre 15 e 25 salários mínimos	3.06	
Mais de 25 salários mínimos	3.06	

Fonte: IBGE, Diretoria de Pesquisas, Coordenação de Trabalho e Rendimento, Pesquisa de Orçamentos Familiares 2017-2018.
Nota: O termo "família" está sendo utilizado para indicar a unidade de investigação da pesquisa, unidade de consumo.

Partindo do que demonstram as tabelas na página 75, podemos concluir que está cada vez mais difícil contar com o crescimento vegetativo da população brasileira, de modo que a demanda futura dependerá principalmente da chegada de novos moradores.

Fatores que determinam a fatia de mercado

Como vimos, a demanda qualificada é a quantidade de pessoas com perfil para serem seus alunos. Dentro deste total, está a parte que vamos chamar de fatia de mercado, que é o percentual que lhe cabe.

Total de alunos em sua escola / demanda qualificada = Fatia de Mercado

Dificilmente uma escola terá 100% da demanda qualificada. Portanto, caberá uma divisão da demanda com outros ofertantes do mesmo serviço.

A dimensão de sua fatia de mercado será influenciada por fatores que determinam o desempenho, como:

- Alinhamento com a expectativa de custo-benefício das famílias
- Custo efetivo, somando os serviços agregados oferecidos
- Alinhamento com a visão de mundo das famílias
- Acessibilidade – Conceito que varia conforme a idade
- Segurança – Da região e da escola
- Porte – Quanto mais alunos, melhor
- Equipamentos de ensino
- Reputação
- ENEM – Nota média no exame

Evidentemente, as famílias considerarão seus fatores de desempenho comparando-os aos de seus concorrentes. Assim, é hora de retomar a análise dos concorrentes e compreender qual é a avaliação que as famílias fazem sobre cada um deles.

8. Estratégias para Diferenciação e Posicionamento

Vamos imaginar um cenário em que existam escolas bem avaliadas pelas famílias, sendo concorrentes fortes. O que é possível fazer para se destacar entre elas?

* **Estratégia de Desafiante –** Quando uma escola menor reconhece a força de um concorrente, fala sobre isso abertamente e alega estar preparada para oferecer um serviço igual ou superior. Em alguns casos, o desafiante pode identificar algum ponto fraco da escola principal e oferecer superioridade apenas focando nesse tópico.
* **Estratégia de Seguidor –** Quando uma escola menor reconhece a força de um concorrente e compensa sua deficiência oferecendo alguma vantagem em outros atributos, estando, assim, alinhada à visão de mundo da escola principal.
* **Estratégia de Nicho –** Quando uma escola menor decide se concentrar nos interesses de um grupo mais restrito e famílias, seja por proximidade, Visão de Mundo, abordagem pedagógica ou mesmo uma relação custo-benefício inteiramente nova, como menos alunos por sala ou cursos e laboratórios específicos.
* **Estratégia de Líder –** Quando sua escola apresenta superioridade em quase todos os atributos, aborda-se a segurança na escolha e

a solidez nos serviços prestados ao longo do tempo. Em geral, essa estratégia enfatiza os riscos que os concorrentes oferecem.

Estratégias de captura de demanda

Até aqui enfatizamos o aproveitamento regular da demanda qualificada. No entanto, existem modos de fazer crescer a quantidade de alunos.

* **Integração horizontal** – Parcerias com serviços afiliados, como escolas de idiomas, esportes e cultura. Também se pode oferecer tal conteúdo opcional dentro da escola.
* **Integração vertical** – Maior amplitude de cursos, podendo ir desde o maternal até o profissionalizante.
* **Produtividade e Eliminação de desperdícios** – Identificar alguns atributos que podem ser reduzidos ou totalmente eliminados e outros que podem ser ampliados ou criados. Se deseja ir por este caminho, vale muito a leitura do livro *A Estratégia do Oceano Azul*.
* **Penetração** – Aumentar sua fatia de mercado.

A localização, ou seja, o espaço que uma escola ocupa, irá exercer uma grande força sobre ela. Mas essa força irá variar, como no conceito de atratividade.

Quanto mais perto a escola ficar da casa do aluno, mais conveniente será ir e vir todos os dias. A conveniência também pode estar no deslocamento de casa para o trabalho; se a escola está dentro desse trajeto, viabiliza-se que os responsáveis levem e busquem os estudantes sem um grande desvio de rota. Seja em um ou em outro caso, as famílias que estiverem dentro de uma área de conveniência de uma escola levarão isso em consideração. Portanto, dentro dessa área, sua escola deve ter uma alta penetração, uma proporção elevada de alunos em relação ao total. Nessa pequena área, pode ser razoável chegar a mais de 80% de participação sobre a demanda qualificada.

No caso do caminho bairro-centro, a conveniência reduz-se um pouco, mas a área a que se refere será também maior, podendo incluir outras escolas. Sendo assim, a participação sobre a demanda qualificada será menor.

Caso sua escola esteja em uma região central da cidade, esta localização lhe garantirá exercer atratividade sobre toda a cidade, o que incluirá diversas outras escolas. Por exemplo, regiões centrais podem ser áreas de baixa densidade populacional, lugares onde vivem menos pessoas, já que a maior parte dos imóveis em uma região central está dedicada a atividades econômicas, como escritórios e comércios. Por isso, a acessibilidade será o fator mais importante.

Tipos de Centro

- **Antigo e abandonado** – Existem como lembrança do que a cidade foi, mas está decadente e perigoso. Normalmente, nesses casos surgem outras centralidades menores e mais modernas.
- **Atual e muito comercial** – Mantém sua importância, mas a grande ocupação comercial o deixa com poucos moradores.
- **Atual e desejado** – É a área mais importante da cidade, concentrando as atividades comerciais e também a maior valorização das residências.

Comunicação eficaz

Tendo conhecimento da atratividade de sua escola em camadas, assim como do perfil dos públicos em cada uma, é hora de direcionar a comunicação mais eficaz para cada um.

- **Públicos próximos** – Enfatizar a segurança e comodidade. Pode recorrer a mídias locais, painéis na porta da escola, panfletos em padarias e outros comércios locais, estandes em feiras livres, ou alternativas mais criativas. Por exemplo, algumas cidades oferecem políticas de adoção de praças e parques quando empresas assumem a manutenção destes espaços para poderem explorá-los de alguma forma.
- **Públicos mais afastados** – Quanto mais distante um público estiver, mais fortes precisarão ser outros vínculos, como reputação, equipamentos e Visão de Mundo. O desafio nesta comunicação é transmitir o posicionamento de sua escola, reforçando os atributos mais estratégicos. Nesse caso, mídias mais amplas, como rádio, jornal e TV, podem ser úteis, assim como os mais diversos recursos que a internet oferece.

O mantenedor deve ter em mente uma única coisa: matricular uma criança em uma escola é, na prática, o começo de um longo relacionamento. Portanto, cada esforço de comunicação deve ser uma etapa do caminho que leva ao início desse relacionamento.

Vamos retomar os passos do processo de decisão e trabalhar a comunicação em cada um:

Reconhecimento da necessidade + Busca de informações

Momento em que os responsáveis estão levantando quais seriam as escolas ideais. Muitas escolas dedicam um esforço enorme às campanhas de matrículas abertas, entrando em uma disputa intensa e cara por atenção.

Que tal entrar nessa disputa antes que todos e se dedicar mais e por mais tempo a ensinar às famílias o quanto sua escola está pronta para preparar as crianças para o mundo?

Avaliação de alternativas e resistências

Estágio em que se aproxima o momento da decisão, e uma lista menor de opções está em consideração. Momento de avaliação profunda, boa hora para um corpo a corpo. Coloque sua escola na vida das pessoas e esteja lá demonstrando sua vontade de criar um relacionamento com as famílias. Crie um programa de visitação às instalações em horário conveniente aos pais.

Adoção ou Decisão

Etapa que depende das informações levantadas anteriormente. Portanto, quem conseguir se expor da melhor maneira estará mais próximo de ter sua escola como a preferida.

Pós-decisão

Momento pouquíssimo trabalhado por outras escolas, e justamente por isso tão importante.

* **Sua escola não foi a escolhida** – Vamos lembrar que o que está em jogo é uma decisão ligada a um relacionamento em longo prazo e que isso ainda pode ser conseguido. Comece agradecendo por ter sido levado em consideração, pois muitas escolas foram desclassificadas até a fase final. Demonstre sua gratidão e busque compreender os motivos que guiaram a decisão por outra escola, assim como quais foram os pontos fortes e fracos da sua escola e da escolhida. Por fim, se ofereça para manter aberto o relacionamento, sempre lembrando de convidar essas famílias para eventos da escola.
* **Sua escola foi a escolhida** – Entregue os materiais que reforçam seu posicionamento, como folhetos, plantas das instalações e mapas, além de referências detalhadas que aumentarão a confiança dos responsáveis a respeito de sua escolha. Dedique-se a manter esse relacionamento.

Quando as pessoas dizem que tal coisa "é puro marketing", elas estão dizendo que os vínculos propostos não são sinceros. Todo esforço deve ser feito no sentido da construção de relacionamentos fortes, tenham ou não se decidido por sua escola. Afinal, ainda que não tenham se decidido por sua instituição, poderão recomendá-la para outras famílias.

9. Conclusão

Desenvolvendo relacionamentos com uma nova visão de mundo

Ao longo deste livro, descrevemos como o espaço é um agente determinante em nossas vidas. Em diversas escolhas que fazemos, consideramo-nos livres para decidir, quando na prática o lugar no qual estamos é a escolha das escolhas, uma vez que, a partir dela, tantas outras serão desdobradas.

Compreendendo como o espaço age sobre nossas priorizações, agora somos capazes de decidir em nível tão elevado quanto os profissionais das grandes redes de ensino, bem como deixamos de ser surpreendidos com escolhas feitas por estas redes. Podemos pensar como eles e nos anteciparmos aos seus movimentos, viabilizando que escolas de Educação Básica atuem em nível competitivo semelhante ao dos grupos educacionais altamente profissionalizados.

Por muitas vezes me vi envolvido em projetos voltados para redes educacionais, seja em estudos de localização de regiões e pontos para novas unidades, seja avaliando a aquisição de unidades, a incorporação em sistemas de ensino e até mesmo as estratégias competitivas. É imensa a força desses grupos, não somente financeira, mas também técnica. Aqui concluímos um livro, mas iniciamos a jornada para um novo equilíbrio de forças.

10. Referências Bibliográficas

Livros

KIM, W. C.; MAUBORGNE, R. **A Estratégia do Oceano Azul**. Rio de Janeiro: Sextante, 2019.

MOORE, G. A. **Crossing the Chasm: marketing and selling disruptive products to mainstream customer**. 3. Ed. HarperBusiness, 2014.

SILVA, V. G. **Geografia do Brasil e Geral: povos e territórios**. São Paulo: Escala Educacional, 2005. p.70.

Aranha F., Figoli S. J. **Geomarketing: Memórias de Viagem**. São Paulo, 2001.

Sites

Instituto Brasileiro de Geografia e Estatística (IBGE). **Conheça Cidades e Estados do Brasil**. Disponível em: <https://cidades.ibge.gov.br>

Instituto Brasileiro de Geografia e Estatística (IBGE). **Produto Interno Bruto – PIB**. Disponível em: <https://www.ibge.gov.br/explica/pib.php>

Programa das Nações Unidas para o Desenvolvimento (PNUD). Disponível em: <http://www.br.undp.org>

Instituto Brasileiro de Geografia e Estatística. Disponível em: Instituto Brasileiro de Geografia e Estatística (IBGE). **Projeção da População do Brasil e das Unidades da Federação**. Disponível em: <https://www.ibge.gov.br/apps/populacao/projecao/>

Instituto Brasileiro de Geografia e Estatística (IBGE). **Projeções da População**. Disponível em: <https://www.ibge.gov.br/estatisticas/sociais/populacao/9109-projecao-da-populacao.html?=&t=resultados>

Ministério do Trabalho. **Programa de Disseminação das Estatísticas do Trabalho (PDET)**. CAGED – Jul 2019. Disponível em: <http://pdet.mte.gov.br/caged>

Instituto Brasileiro de Geografia e Estatística (IBGE). **Estatísticas**. Disponível em: <https://downloads.ibge.gov.br/downloads_estatisticas.htm>

Conheça outros títulos da série

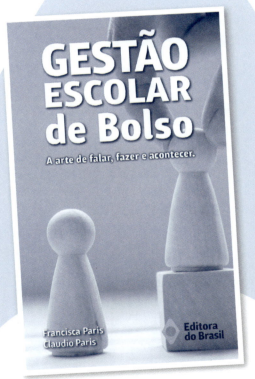

Adquira pelo site:
www.editoradobrasil.com.br

Conheça outros títulos da série

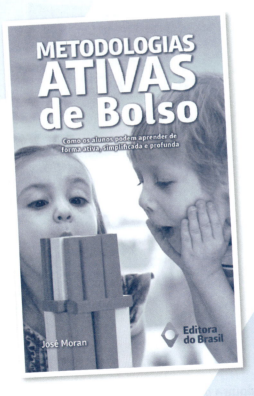

Adquira pelo site:
www.editoradobrasil.com.br

Central de Atendimento
Email: atendimento@editoradobrasil.com.br
Telefone: 0300 770 1055

Redes Sociais
facebook.com/EditoraDoBrasil
youtube.com/EditoraDoBrasil
instagram.com/editoradobrasil_oficial
twitter.com/editoradobrasil

www.editoradobrasil.com.br